" QUEM MANDA AQUI SOU EU

VERDADES INCONFESSÁVEIS SOBRE A MATERNIDADE
(CONTÉM SPOILER)

Maria Flor Batusanschi Calil e
Roberta Monteiro DAlbuquerque

HarperCollins *Brasil*

Para Ricardo, que me fez mãe e
ao nosso maior tesouro, Teresa e Julieta
Maria Flor

Para Henri, Lara e Sofia <3
Roberta

PREFÁCIO

Eu tenho preguiça de socializar nas festas dos amigos das crianças. Eu acho as reuniões de pais quase insuportáveis. Eu também tenho medo do escuro.

Maria Ribeiro, mãe de João e Bento, atriz, cineasta, escritora e jornalista

Quando a Maria Flor e a Roberta me chamaram para escrever o prefácio desta espécie de antimanual obrigatório sobre maternidade, tive a impressão de que elas tinham lido todos os meus pensamentos, tamanha identificação com suas frases sincericidas. Que bom, graças a Deus, não sou só eu, finalmente alguém resolveu falar a verdade! A verdade, essa virtude tão subestimada nos livros para gestantes... Tudo bem que ser mãe é incrível e nos primeiros anos a gente praticamente é possuída pelo encantamento que aquele bebê nos causa, mas vai dizer que você não ficou feliz quando voltou a caber no seu jeans favorito? Que nunca deu o iPad pro seu filho sossegar no restaurante? Que não fica esperando a babá chegar na segunda-feira com a mesma ansiedade que esperava o dia de fazer ultrassom? É claro que a gente quer ser uma mãe presente. Que quer acertar. Dar limites. Não encher de presentes. Dar legumes orgânicos. Amamentar. Fazer parto normal. Evitar a chupeta e aprender shantala. Brincar com aqueles blocos de madeira superecológicos e educativos e de preferência com o celular desligado. Encontrar "a" escola construtivista. A gente realmente quer tudo isso. Mas às vezes dá preguiça. Às vezes a gente esquece tudo o que aprendeu lendo a Rosely Sayão (gênia) e coloca o filho para dormir na nossa cama. E dá uma Barbie. E fala coisas horríveis tipo "olha como seu irmão tá comportado". Mas tem uma coisa: a gente quer estar perto. Perto dos filhos e perto de nós mesmas. Com defeitos, qualidades, e, de preferência, alguma leveza. Dando risada e a mão ao mesmo tempo.

1. MÃE E BEBÊ DOMÍNIO PÚBLICO

1. MÄE BERE DOMÍNIO PÚBLICO

BARRIGA DE GRÁVIDA NÃO TEM DONO. UMA VEZ UMA MULHER BEIJOU MINHA BARRIGA.
DE BATOM VERMELHO!

EU NUNCA RECEBI TANTA ORDEM NA MINHA VIDA COMO QUANDO FIQUEI GRÁVIDA

EU NUNCA RECEBI
TANTA ORDEM
NA MINHA VIDA
COMO QUANDO
FIQUEI GRAVIDA

EU NUNCA DEI TANTA ORDEM **NA MINHA VIDA COMO QUANDO FIQUEI GRÁVIDA**

EU NUNCA DEI
TANTA ORDEM
NA MINHA VIDA
COMO QUANDO
FIQUEI GRÁVIDA

MINHA VIDA NUNCA FOI UMA DESORDEM TÃO GRANDE COMO QUANDO FIQUEI GRÁVIDA

MINHA VIDA
NUNCA FOI UMA
DESORDEM TÃO
GRANDE COMO
QUANDO TIQUEI
ORDENADA

QUANDO VOCÊ ESTÁ GRÁVIDA, TODAS AS PESSOAS DO MUNDO ACHAM QUE ENTENDEM MUITO MAIS DESSE ASSUNTO DO QUE VOCÊ. MESMO AS QUE NÃO TÊM FILHOS

TENHO HORROR QUANDO ALGUÉM PERGUNTA SE FOI NORMAL OU CESÁREA. PARECE QUE A RESPOSTA VAI DESAGRADAR SEMPRE

MAS EU PERGUNTO.
ADORO OUVIR
HISTÓRIA DE PARTO

NEM MESMO O BEBÊ MAIS MOLINHO E NOVINHO DO MUNDO VAI ESCAPAR DO COLO DE UMA VISITA POUCO ÍNTIMA NA MATERNIDADE

EXISTE UMA FORÇA
GRANDE E MISTERIOSA
QUE FAZ COM QUE TODOS
OS DESCONHECIDOS
PEGUEM NA MÃO
DO SEU BEBÊ.
POR QUE, MEU DEUS?

EXISTE UMA FORÇA
GRANDE E MISTERIOSA
QUE FAZ COM QUE TODOS
OS DESCONHECIDOS
PERGEM NA MÃO
DO SEU BEBÊ.
POR QUE MEU DEUS?

SE O BRINQUEDO DO
SEU BEBÊ CAIR NO CHÃO
SUJO E VOCÊ ESTIVER
EM UMA ILHA DESERTA,
CERTEZA QUE VAI SURGIR
UM DESCONHECIDO PARA
ENTREGAR O BRINQUEDO
NA MÃO DELE

TEM SEMPRE ALGUÉM
NO MUNDO PRONTO
PRA LHE DIZER
QUE O NOME QUE
VOCÊ ESCOLHEU
PARA O SEU FILHO
ESTÁ NA MODA

E QUE O MENINO
ESTÁ MAGRO E QUE
SEU LEITE É FRACO

POR MAIS QUE VOCÊ ESTEJA COM SEU FILHO NO CARRINHO, VAI TER SEMPRE ALGUÉM PARA OLHAR PARA SUA BARRIGA E PERGUNTAR QUAL É A DATA DO PARTO

POR MAIS QUE
VOCÊ ESTEJA COM
SEU FILHO NO
CARINHO, VAI TER
SEMPRE ALGUÉM
PARA OLHAR PARA
SUA BARRIGA E
PERGUNTAR QUAL É
A DATA DO PARTO

SE O BEBÊ ESTIVER COM ROUPINHA QUENTE, VÃO DIZER QUE ELE ESTÁ COM CALOR, SE ESTIVER COM ROUPINHA LEVE, QUE VAI PEGAR UMA GRIPE

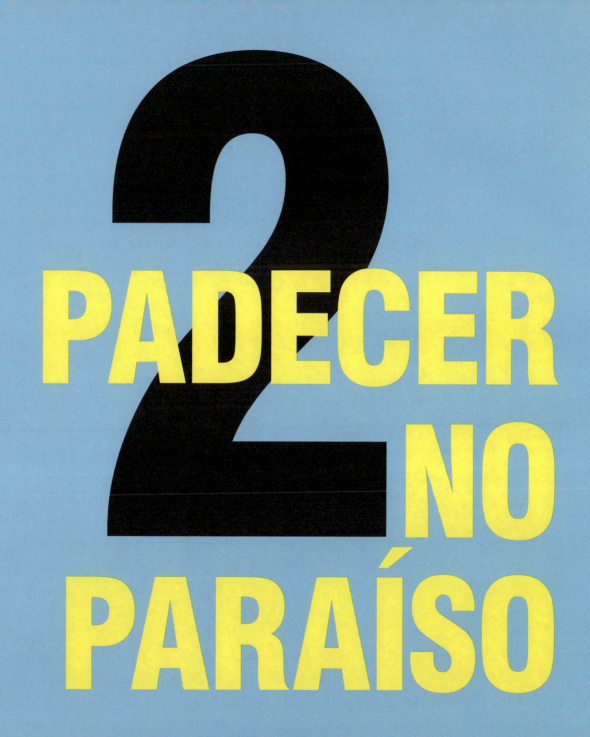

AQUELA HISTÓRIA DE QUE TODA MULHER GRÁVIDA FICA LINDA NÃO FUNCIONOU MUITO BEM COMIGO, NÃO

A MÁXIMA "AMAMENTANDO VOCÊ EMAGRECE NATURALMENTE", NÃO ROLOU COMIGO, ENGRAÇADO....

NÃO ME IDENTIFIQUEI NEM UM POUCO COM A FRASE "DEPOIS QUE O BEBÊ NASCER, VOCÊ VAI SABER EXATAMENTE O QUE FAZER"

QUANDO EU DIZIA: TANTO FAZ MENINO OU MENINA, CONTANTO QUE VENHA COM SAÚDE, ERA MENTIRA. **EU QUERIA MENINA**

ÀS VEZES
EU TENHO
VONTADE
DE TENTAR
O TERCEIRO

QUEM ACHA O PACOTE PEDIATRA, VACINAS E FRALDAS CARO NÃO FAZ A MENOR IDEIA DE COMO SERÁ O PACOTE ESCOLA, NATAÇÃO, INGLÊS, BALÉ, PEDIATRA, VACINAS, ROUPAS, BRINQUEDOS...

A LINHA *PRESENTES PARA AMIGOS* NUNCA FOI TÃO GRANDE EM MEU ORÇAMENTO COMO DEPOIS QUE AS CRIANÇAS ENTRARAM NA ESCOLA

EU RECLAMO DO PREÇO DA MENSALIDADE DA ESCOLA POR ESPORTE. ACHO QUE NÃO TEM SERVIÇO QUE DÁ MAIS GOSTO DE PAGAR NESTE MUNDO

EU QUERIA TER ESTUDADO NA ESCOLA DOS MEUS FILHOS

QUANDO EU NÃO SEI RESOLVER ALGUM PROBLEMA DA LIÇÃO DE CASA, DOU O TEXTO: **"VOCÊ TEM QUE SABER FAZER SOZINHO"**

MEU FILHO CONSEGUE FAZER A LIÇÃO DE CASA SEM MINHA AJUDA :(

EU CHORO EM TODAS AS FESTAS DA ESCOLA

EU FICO IMAGINANDO ELES ADULTOS NA ANÁLISE E PENSANDO QUE TIPO DE COMPLEXO VÃO ATRIBUIR A MIM

MAS, NO FUNDO, EU ACHO QUE ME GARANTO COMO MÃE E QUE NÃO VOU DEIXAR NINGUÉM COMPLEXADO. **RIDÍCULO!**

POR MAIS CANSADA QUE EU FIQUE DE CUIDAR DAS CRIANÇAS, NÃO SEI MUITO O QUE FAZER QUANDO ELAS NÃO ESTÃO POR PERTO

NÃO EXISTE PERFUME MELHOR DO QUE O CHEIRO DOS NOSSOS FILHOS

EU FICO ATÉ SEM AR QUANDO MEU FILHO FALA "MAMÃE, EU TE AMO!" ASSIM, DO NADA

3
AH, A FAMÍLIA...

LEVANTAR DE MADRUGADA É TAREFA DE PAI ;)

EM MOMENTOS
DE EMERGÊNCIA,
EU ACHO QUE MÃE
FUNCIONA MELHOR
DO QUE PAI.
ACHO MESMO

MEU CONCEITO DE MOMENTOS DE EMERGÊNCIA É BEM ELÁSTICO

QUANDO EU PERCO UM POUQUINHO A PACIÊNCIA NA NEGOCIAÇÃO, EU SOLTO UM: "DECIDA COM SEU PAI"

A GENTE SÓ CONHECE O MARIDO (DE VERDADE) DEPOIS QUE NASCEM OS FILHOS. E ISSO PODE SER UMA ÓTIMA REVELAÇÃO

QUANDO AS CRIANÇAS NASCERAM, EU TIVE UM PEQUENO INTERVALO DE CORAGEM E CHAMEI MINHA MÃE PARA FICAR LÁ EM CASA POR UNS DIAS

MUITAS COISAS QUE EU NÃO GOSTAVA DE OUVIR DA MINHA MÃE FALO PARA MEUS FILHOS

REPITO TODOS OS TEXTOS DA MINHA INFÂNCIA: *"BRINCADEIRA QUE COMEÇA AOS BORBULHÕES, TERMINA AOS EMPURRÕES"*

AS CRIANÇAS TÊM HORROR ÀS MINHAS METÁFORAS, MAS CONTINUO DIZENDO QUE: *"A OVELHA MANSA MAMA NA SUA E NA ALHEIA, A BRAVA NEM NA SUA NEM NA ALHEIA"*

QUASE TODAS AS SUAS REGRAS DE ALIMENTAÇÃO INFANTIL VÃO CAIR POR TERRA NOS ALMOÇOS DE FAMÍLIA

TODAS AS SUAS REGRAS, SOBRE QUALQUER COISA DESSA VIDA, VÃO CAIR POR TERRA NAS FÉRIAS NA CASA DA VOVÓ *(E AS CRIANÇAS VÃO GOSTAR)*

MANUAL DA VIDA SOCIAL

4

EU SEMPRE FALEI MAL DO POVO QUE FAZIA CHÁ DE FRALDAS, MAS ME ARREPENDI LOUCAMENTE DE NÃO TER FEITO

TODAS AS VEZES QUE ALGUÉM PERGUNTAVA O QUE FALTAVA PARA COMPLETAR O ENXOVAL DAS CRIANÇAS, EU DIZIA: "IMAGINE, NÃO SE PREOCUPE COM ISSO." MAS FICAVA LOUCA PARA ENTREGAR UMA LISTINHA

TENHO HORROR A VISITAS NA MATERNIDADE

EU DIGO QUE AMAMENTEI AS CRIANÇAS POR UM ANO. MAS PAREI PERTO DOS 10 MESES COM AS DUAS. É QUE EU ACHO MENOS DE UM ANO TÃO POUQUINHO

QUANDO ESTOU CONVERSANDO COM ALGUMA XIITA DO PARTO NATURAL, FALO QUE NÃO TOMEI ANESTESIA SÓ PARA PARECER FORTONA

EU SEMPRE ELOGIO A PERFORMANCE DOS AMIGUINHOS NAS APRESENTAÇÕES DA ESCOLA, MAS NO FUNDO ACHO QUE OS MEUS SE SAÍRAM MELHOR. MESMO QUANDO ELES ESTAVAM NA MÉDIA

EU TENHO PREGUIÇA DE SOCIALIZAR NAS FESTAS DOS AMIGOS DAS CRIANÇAS

EU TENHO PREGUIÇA DE SOCIALIZAR (PONTO)

EU TENHO PREGUIÇA (PONTO)

QUEM NUNCA TEVE TENSÃO PRÉ-FESTINHA QUE ATIRE O PRIMEIRO BRIGADEIRO

JÁ TIVE RESSACA PÓS-FESTINHA. MUITAS VEZES

EU DESOBEDEÇO QUANDO PEDEM PARA NÃO LEVAR PRESENTE NAS FESTAS DE ANIVERSÁRIO DOS AMIGOS DAS CRIANÇAS

EU FICO ALIVIADA QUANDO POSSO DEIXAR AS CRIANÇAS NA FESTINHA E PEGAR DEPOIS, MAS JULGO OS PAIS QUE DEIXAM AS CRIANÇAS SOZINHAS NOS ANIVERSÁRIOS AQUI DE CASA

MANUAL DA VIDA PRÁTICA 5

AS MENINAS JÁ TINHAM UNS 6 MESES E EU AINDA USAVA ROUPA DE GRÁVIDA

AS MENINAS
JÁ TINHAM
UNS 6 MESES
E EU AINDA
USAVA ROUPA
DE GRAVIDA.

EU SEMPRE COMPRAVA UMA PAPINHA A MAIS. MINHA FAVORITA É A DE PERA

EU TIREI A CHUPETA COM 3 MESES E ME SENTI ORGULHOSÍSSIMA. AÍ TODO MUNDO PASSOU A CHUPAR O DEDO

EU TIREI A
CHUPETA COM 3
MESES E ME SENTI
ORGULHOSÍSSIMA.
AÍ TODO MUNDO
PASSOU A
CHUPAR O DEDO.

EU AMO VER AS CRIANÇAS CRESCEREM, MAS TIVE DÓ QUANDO PERDI O DIREITO DE USAR A FILA PRIORITÁRIA PARA PESSOAS COM BEBÊS DE COLO

DOEU NO BOLSO QUANDO PASSEI A PAGAR AS PASSAGENS DE AVIÃO DAS CRIANÇAS. MAS FOI TÃO BONZINHO TER DE VOLTA UMA POLTRONA SÓ PARA MIM

QUEM TEM FILHOS CONHECE TODOS OS BANHEIROS DE TODOS OS RESTAURANTES, SUPERMERCADOS, LOJAS, FARMÁCIAS, CONSULTÓRIOS E SALÕES DE BELEZA DA CIDADE

QUEM TEM FILHOS
CONHECE TODOS OS
BANHEIROS DE TODOS
OS RESTAURANTES,
SUPERMERCADOS,
LOJAS, FARMÁCIAS,
CONSULTÓRIOS E
SALÕES DE BELEZA
DA CIDADE

JÁ ME ACOSTUMEI A OUVIR (EM PÚBLICO E AOS GRITOS): "MÃE, QUERO FAZER COCÔ", E DEPOIS, "MÃE, JÁ ACABEI!"

JÁ ME ACOSTUMEI A
OUVIR (EM PÚBLICO
E AOS GRITOS):
"MÃE, QUERO FAZER
COCÔ", E DEPOIS,
"MÃE, JÁ ACABEI".

EU DURMO ANTES DAS CRIANÇAS QUANDO ESTOU CONTANDO HISTÓRIAS PARA ELAS DORMIREM

*EU MUDO AS LETRAS DAS MÚSICAS QUANDO CANTO PARA ELAS: EU FAÇO SAMBA DE AMOR ATÉ MAIS TARDE..."
DESCULPA, CHICO*

"EU MUDO AS LETRAS
DAS MÚSICAS
QUANDO CANTO.
PARA ELAS, EU FAÇO
SAMBA DE AMOR
ATÉ MAIS TARDE."
DESCULPA, CHICO.

NO INVERNO, EU CONVIDO AS CRIANÇAS PARA DORMIREM NA MINHA CAMA. ELAS SÃO TÃO QUENTINHAS....

E QUANDO MEU MARIDO VIAJA TAMBÉM... QUEM É QUE TEM MEDO DE DORMIR SOZINHA MESMO?

E QUANDO MEU
MARIDO VIAJA
TAMBÉM... QUEM
É QUE TEM MEDO
DE DORMIR
SOZINHA MESMO?

ÀS VEZES EU FICO SEM ARGUMENTO E RESPONDO: "PORQUE EU SOU SUA MÃE E QUEM MANDA NESSA CASA SOU EU"

EU PONHO DE CASTIGO E DEPOIS ESQUEÇO

EU OBRIGO OS BICHINHOS A TOMAREM SOPA DE LEGUMES TODA TERÇA E QUINTA

EU INVENTO QUE, QUANDO EU ERA PEQUENA, COMIA SALADA

EU TENTO COMPRAR SÓ ORGÂNICOS, MAS ÀS VEZES FICO INDIGNADA COM O PREÇO E VOU DE CONVENCIONAL MESMO...

ME SINTO CULPADA QUANDO NÃO COMPRO ORGÂNICOS E COMEÇO A ENXERGAR O AGROTÓXICO INTOXICANDO OS MENINOS

EU CONVENÇO
MEUS FILHOS A
VEREM UM FILME
NO NETFLIX SÓ
PARA TER UMA
BOA DESCULPA
PARA FAZER
PIPOCA DOCE

EU CONVENÇO
MEUS FILHOS A
VEREM UM FILME
NO NETFLIX SÓ
PARA TER UMA
BOA DESCULPA
PARA FAZER
PIPOCA DOCE

APELO PARA O BIZARRO PARA CONVENCER OS FILHOS A COMEREM DETERMINADOS ALIMENTOS, JÁ DISSE: "COME BETERRABA QUE SEU COCÔ FICA VERMELHO"

EU DOU TEXTOS ABSURDOS DE MATEMÁTICA DO TIPO:

O 9 TEM INVEJA DO 10 PARA ENSINAR A TABUADA

EU DOU TEXTOS
ABSURDOS DE
MATEMÁTICA DO TIPO:
0,9 TEM INVEJA
DO 10 PARA
ESCREVER A
TABUADA.

QUANDO ELAS ESTAVAM APRENDENDO A ESCREVER OS NÚMEROS: *O NOVE É O CABEÇÃO, O 6 É O BARRIGÃO E O OITO PRECISA FAZER DIETA URGENTE!*

6 AI, QUE SINCERA!

EU AMO AS FÉRIAS DAS CRIANÇAS. TÔ LOUCA?

EU AMO AS
FÉRIAS DAS
CRIANÇAS.
TO LOUCA?

MEU AMOR PELAS FÉRIAS DAS CRIANÇAS PODE DURAR POUQUÍSSIMO TEMPO

MEU AMOR
PELAS FERIAS
DAS CRIANÇAS
PODE DURAR
POUQUISSIMO
TEMPO.

PRONTO, PASSOU!

EU ACHO LINDO QUE A ESCOLA TENHA CAPOEIRA NO CURRÍCULO, MAS QUANDO O MEU FILHO NÃO VAI MUITO BEM, EU DIGO: TRANQUILO, AMORE, ANTES IR MAL NA CAPOEIRA DO QUE EM MATEMÁTICA

EU PULO A AVALIAÇÃO COLETIVA DO BOLETIM E VOU DIRETO PARA A DOS MENINOS

EU DIGO PARA AS CRIANÇAS QUE AMAVA IR À ESCOLA DE INGLÊS, MAS EU ODIAVA COM TODO O MEU CORAÇÃO

EU TAMBÉM ODIAVA
A AULA DE NATAÇÃO,
MAS MEUS FILHOS
NÃO PRECISAM
SABER DISSO

EU TAMBÉM ODIAVA
A AULA DE NATAÇÃO
MAS MEUS FILHOS
NÃO PRECISAM
SABER DISSO

EU FALO MAL DA CANTINA PORQUE ELES VENDEM DOCE NA HORA DO RECREIO, **MAS EU COMO DOCE TODO DIA DEPOIS DO ALMOÇO**

EU AMO LEVAR AS CRIANÇAS NO CINEMA. SÃO DUAS HORAS DE COCHILO NO SILÊNCIO E NO ESCURINHO

ELÁSTICO LEVAR
AS SEMANAS NO
CINEMA. SÃO DUAS
HORAS DE COGNIO
NO SILÊNCIO E
NO ESCURINHO.

QUANDO EU CANTO PARA ELAS DORMIREM, EU FAÇO ELAS OUVIREM UM MÚSICA QUE EU GOSTO A CADA UMA QUE ELAS ESCOLHEM

EU CONTEI A VERDADE SOBRE A FADA DO DENTE NO SEGUNDO DENTE. GOSTO NÃO DE FICAR ENGANANDO AS CRIANÇAS

SOL ADVIERTE A VERDADE
SOBRE A VIDA DO
JOVEM A. SERRANDO
PENTE, GOSTO MUITO
DE PENSAR E DETESTO
AS CRIANÇAS

TENHO UMA MÁ VONTADE HORROROSA COM FESTA DE HALLOWEEN

EU ACHO ESTA FRASE "NÃO PRECISA SER A MELHOR MÃE DO MUNDO, TENTE SER A MELHOR MÃE QUE SEU FILHO PODE TER" MEIO LOSER. EU TENTO SER A MELHOR DO MUNDO. DAÍ ATÉ CONSEGUIR JÁ SÃO OS OUTROS 500

ÀS VEZES EU ACHO QUE ME TORNEI UMA MÃE BEM CHATA

MAS ÀS VEZES EU ACHO QUE EU SOU A MÃE MAIS LEGAL QUE EU CONHEÇO

7
EU SEI QUE NÃO PODE

EU SOU AQUELA MÃE CHATA QUE NÃO SERVE REFRIGERANTE NAS FESTAS DAS CRIANÇAS, MAS DEIXA ELAS PEDIREM NO RESTAURANTE ;)

EU NÃO OFEREÇO NENHUMA COMIDA QUE EU NÃO GOSTE

EU NÃO
OFEREÇO
NENHUMA
COMIDA
QUE EU NÃO
GOSTE

EU PRATICO TERRORISMO ALIMENTAR. "SE NÃO COMER FRUTAS E VERDURAS, VAI FICAR COM O CABELO FRACO, A PELE CREQUENTA"

EU TAMBÉM PRATICO O TERRORISMO ALIMENTAR CLÁSSICO: "SE NÃO COMER TUDO, NÃO GANHA SOBREMESA."

EU SEI QUE BELEZA NÃO É A COISA MAIS IMPORTANTE DO MUNDO. MAS ACHO QUE MEUS FILHOS SÃO AS CRIANÇAS MAIS BONITAS DA ESCOLA.

E DO PAÍS

SEGUNDO FILHO NÃO TEM ÁLBUM DE PAPEL, LEMBRANCINHA DE MATERNIDADE NEM VÍDEO DE ULTRASSOM. TADINHOS

EU NÃO VOU A TODAS AS REUNIÕES DA ESCOLA, MAS VOU A TODAS AS FESTAS

ACHO UM ABSURDO MÃES QUE COMPRAM CADERNO DE CALIGRAFIA MESMO SABENDO QUE A ESCOLA NÃO RECOMENDA. MAS, QUANDO SOUBE QUE ALGUMAS COMPRARAM, COMPREI TAMBÉM

EU MENTI SOBRE A IDADE DAS CRIANÇAS PARA FAZER UM GMAIL PARA ELAS

EU VOU NO GOOGLE CHECAR A RECEITA DA PEDIATRA

NEM SEMPRE REAPLICO PROTETOR SOLAR NAS CRIANÇAS NA PRAIA

EU ATERRORIZEI OS MENINOS COM A DENGUE E AGORA TODO MUNDO TEM MEDO DE MOSQUITO

ÀS VEZES EU TRATO AS CRIANÇAS COMO BEBÊS, COM MEDO DELAS CRESCEREM E NÃO PRECISAREM MAIS DE MIM

EU REPITO TEXTOS HORROROSOS AQUI EM CASA E ME SINTO MEIO ENVERGONHADA QUANDO OUÇO OS MENINOS DIZEREM UM PARA O OUTRO COISAS DO TIPO: "MENTIRA, PREGUIÇA E CUSPE MERECEM PENA DE MORTE."

JÁ TIVE VONTADE DE BATER NA CRIANÇA QUE BATEU NA MEU FILHO

EU ODEIO A LIÇÃO DE CASA TANTO QUANTO AS CRIANÇAS.

LÁ PELO TERCEIRO MÊS, EU JÁ NÃO AGUENTAVA MAIS RESPONDER (50 VEZES POR DIA) ÀS MESMAS 3 PERGUNTAS. QUANDO NASCE? É MENINO OU MENINA? JÁ ESCOLHEU O NOME?

A ORTOGRAFIA
DO MEU FILHO
(DE 9 ANOS)
É 10 VEZES
MELHOR
QUE A MINHA

EU DEIXO DORMIR (BEM) TARDE QUANDO SOU ANFITRIÃ DE FESTA DO PIJAMA

ÀS VEZES EU ENTRO NO BANHEIRO E FECHO A PORTA SÓ PARA NINGUÉM ME CHAMAR POR UM TEMPINHO

SE EU FOSSE ME CONTRATAR PARA SER MÃE DOS MEUS FILHOS, NÃO SEI SE ME CONSIDERARIA *QUALIFICADA O SUFICIENTE* PARA A FUNÇÃO

JÁ BRIGUEI COM O MEU FILHO PELO ÚLTIMO BRIGADEIRO

PARA APAZIGUAR MINHA CULPA QUANDO ESQUECIA DE MANDAR AS CRIANÇAS ESCOVAREM OS DENTES À NOITE, EU PENSAVA: ESSES SÃO DE LEITE, VÃO CAIR MESMO

Maria Flor Batusanschi Calil é paulista de nascimento, mas pernambucana de coração. Começou sua carreira na TV Cultura, onde apresentou o programa Repórter Eco por três anos. Durante uma temporada de cinco anos no Rio de Janeiro, trabalhou na criação de telecursos na Fundação Roberto Marinho. De volta a São Paulo, abriu uma loja de roupas infantis, mas com saudades do jornalismo, começou a escrever em um blog sobre maternidade e logo aceitou o convite para ser diretora da parte digital da revista *Pais & Filhos*. Entre 2012 e 2015 editou e coordenou a revista *Claudia Filhos*, na editora Abril. Lá, conheceu a amiga e sócia de empreitadas Roberta DAlbuquerque e juntas tocam o projeto "A Verdade é que". Ela ainda não sabe se se tornou uma mãe especialista, mas com certeza virou uma jornalista especializada em maternagem. Mas, mais importante do que tudo isso, é mãe da carioca Teresa, 8 anos, e da paulista Julieta, 7.

Roberta DAlbuquerque é pernambuca de nascimento, de coração e de tudo. Mas se deixou apaixonar por São Paulo e mora na cidade há 16 anos. Designer, já fez a direção de arte das revistas *Criativa*, *Crescer*, *Estilo* e atualmente é diretora de arte da revista *Claudia*. É mãe orgulhosa de Lara, 9 e Sofia, 7. Se divertiu horrores escrevendo este livro com Maria Flor e espera que vocês se divirtam lendo também.

Acompanhe as autoras
averdadeeque.com.br
instagram.com/a_verdade_e_que
facebook.com/a.verdade.e.que.2015

Copyright © Maria Flor Batusanschi Calil e
Roberta Monteiro DAlbuquerque, 2015

Direitos de edição da obra em língua portuguesa no Brasil adquiridos pela CASA DOS LIVROS EDITORA LTDA. Todos os direitos reservados. Nenhuma parte desta obra pode ser apropriada e estocada em sistema de banco de dados ou processo similar, em qualquer forma ou meio, seja eletrônico, de fotocópia, gravação etc., sem a permissão do detentor do copirraite.

Rua Nova Jerusalém, 345 – Bonsucesso 21042-235 – Rio de Janeiro – RJ – BrasilTel.: (21) 3882-8200 – Fax: (21) 3882-8212/8313

Publisher	Kaíke Nanne
Editora executiva	Carolina Chagas
Coordenação de produção	Thalita Aragão Ramalho
Produção editorial	Jaciara Lima
Revisão	Daniel Siqueira
Projeto gráfico	Roberta Monteiro DAlbuquerque

CIP-BRASIL. CATALOGAÇÃO NA PUBLICAÇÃO
SINDICATO NACIONAL DOS EDITORES DE LIVROS, RJ

C157q

Calil, Maria Flor Batusanschi
  Quem manda aqui sou eu : verdades inconfessáveis sobre a maternidade (contém spoiler) / Maria Flor Batusanschi Calil, Roberta Monteiro DAlbuquerque. - 1. ed. - Rio de Janeiro : HarperCollins Brasil, 2015.
  256 p. ; 20 cm.

  ISBN 978.85.698.0915-9

  1. Maternidade. 2. Família - Aspectos sociais. 3. Pais e filhos. I. Dalbuquerque, Roberta Monteiro. II. Título.

CDD: 306.87
CDU: 392.3

Fonte Swiss
Papel Offset 75g/m²
Gráfica Intergraf